소중한 당신

_____ 님께

어디쯤 가고 있을까

## 어디쯤 가고 있을까

초판 1쇄 인쇄  2022년 2월 15일
초판 1쇄 발행  2022년 2월 20일

지은이 | 이명희
펴낸이 | 김경옥
디자인 | 류요한
펴낸곳 | 도서출판 온북스

등록번호 | 제 312-2003-000042호
등록일 | 2003년 8월 14일
주소 | 서울시 은평구 은평로 194-6, 502호
전화 | 02-2263-0360
팩스 | 02-2274-4602

ISBN 979-11-92131-12-2   03810

잘못 만들어진 책은 교환해 드립니다.
이 출판물은 저작권법에 의하여 보호받는 저작물이므로
무단 전재와 무단 복제를 할 수 없습니다.

# 어디쯤 가고 있을까

이명희 시집

**온북스**
ONBOOKS

## 시집을 내면서

한 방울의 물방울이 신선한 점을 찍듯 이마를 깨우는 듯합니다. 마음에 있었던 아주아주 작은 이야기 봉우리가, 친구처럼 은인처럼 저를 지탱해 주었던 것 같습니다.
시는 저를 돌아보게 하고 한 발짝 더 성장하게 하였습니다.
시와 이야기를 하며 남은 여정을 동행하고 싶습니다.
그린 검체박스 안에서 코로나와 싸우며 일하면서도 시의 글귀가 떠올랐습니다.
방한복 위에 외로움을 메모하며, 인생의 가을을 맞이하는 시기에 푸른 하늘을 보며, 삶을 녹여 낼 수 있음을 감사히 생각합니다.
붉은 피가 진하면 검은색으로 보이듯 사랑도 검은 사랑을 꿈꿉니다.
공직생활 37년을 마무리하는 길목에서 한 권의 시집을 품을 수 있어 행복하며 가문의 영광으로 생각합니다.

시는 저를 치유해 주었습니다. 또한 제 시를 읽고 한 분만이라도 조그마한 위로를 받게 된다면 굉장히 기쁘고 보람되게 생각하겠습니다.

부메랑이 울림이 되어 저 산 너머 새에게도 들릴 수 있었음 좋겠습니다.
어디쯤 가고 있을까… 산에게 물어보며 자연을 순수한 마음으로 대할 수 있는 지혜와 베풀 수 있는 마음을 달라고 기도합니다.
재롱으로 나의 한쪽 눈을 가리게 하고, 마음에 더 큰 커다란 공간을 만들어준 딸 수영이가 있어 시의 소중한 숲을 만들 수 있었습니다.
지켜봐 주시고 격려해 주시고 제 '시'에 등장인물이 되어 주신 모든 분들과 우주에게 감사드립니다.

2021년 어느 가을에..

한실 **이명희**

## 목 차

시집을 내면서 · 004

### 1부
### 삶이 숨 쉬는 곳에 위로가

호수가 전하는 말 · 012
엘리베이터 거울
나무는 하늘을 바라봐요 · 015
주어진 한 달의 날
하얀 부직포 신발 · 018
바이러스 사람 구경
마법에 걸린 도시 · 022
비상 당첨
세상이 이상하다 · 025
가을바람
아버지와 아이스크림 · 029
고구마 먹다가
엄마의 마음 · 033
비를 맞이하는 돌멩이
내가 촛불을 좋아하는 이유 · 037
보이지 않는 손
민들레 홀씨를 지키는 바람 · 041
추운 수도
그대를 만나는 날 · 044
바램

## 2부 살포시 내 생을

| | |
|---|---|
| 물들어 간다는 것 | · 050 |
| 속도 줄이기 | |
| 바람에도 마음이 있다 | · 052 |
| 여행 여정길 같이 걸어요 | |
| 살짝 바람이 분다 | · 056 |
| 닮고 싶어 하네요 | |
| 나도 달려가고 싶다 | · 060 |
| 무작정 걷는다 | |
| 시간이 없는 거 같아 | · 062 |
| 꽃에 물을 주듯 | |
| 눈과 마음으로 대화를 | · 066 |
| 퍼즐 인생 | |
| 등에 안긴 너 | · 069 |
| 나비의 꿈 | |
| 자동문 | · 072 |
| 아픈 친구에게 | |
| 가장 가벼운 옷을 입는다 | · 075 |
| 한 줌의 흙 | |
| 인생 속도 | · 079 |

## 3부
**바람의 마음**

| | |
|---|---|
| 또 다른 그대 나에게 | · 082 |
| 두드림 | |
| 새 날 | · 085 |
| 흰 소 밥그릇 | |
| 지혜의 샘 | · 089 |
| 질그릇 | |
| 기준 | · 093 |
| 왕따 | |
| 너의 집은 어디니 | · 096 |
| 아프지 말자 | |
| 햇마늘 장아찌 | · 099 |
| 행복 | |
| 그네와 시소 | · 103 |
| 수줍은 산수유 | |
| 도둑 맞았네 | · 106 |
| 휴일 커피 한잔 | |
| 눈이 된 하얀 오리 | · 109 |
| 보고 싶은 너 | |
| 늘 그랬듯이 | · 112 |

## 4부
## 마지막 잎새와 꿈의 대화를

| | |
|---|---|
| 마지막 잎새와 꿈의 대화를 | · 116 |
| 나의 영원한 꽃 | |
| 미운 오리 두 마리 | · 120 |
| 하늘이시어 | |
| 태풍이 지난 후 | · 124 |
| 작은 풀꽃 | |
| 당신은 소중할 확률이 99%입니다 | · 128 |
| 나비가 전하는 말 | |
| 봄은 오려나 | · 131 |
| 눈꽃송이 꽃봉오리 | |
| 작은 우주 놀이터 | · 133 |
| 편지 한 장 | |
| 비화옥 | · 136 |
| 너의 선물 | |
| 취하고 싶다 | · 140 |
| 우연 같은 인연 | |
| 담장에 핀 장미 | · 144 |
| 하루의 벽 인생 2막의 벽 | |
| 그대 오는 소리 | · 148 |

시평 - 김복성 · 150

1부
# 삶이 숨 쉬는 곳에 위로가

## 호수가 전하는 말

발이 멈추었습니다
몇백 년 전에도
속삭이던 호수에

얼마나 많은 사연이
물방울 하나하나에
담겨 있을까요

그 옛날 얘길 들려주고 싶어서
바람 부는 의자에 앉혀 놓고
고고한 호수의 연꽃을
보라 하네요

백제의 슬픈 낭자와 꼬마 도령이
상당산성 호수에서
손짓합니다
물방울이 노래가 됩니다

그때도 그랬던 것처럼
서로 그리워하라고
그때도 그랬던 것처럼
서로 사랑하라고

## 엘리베이터 거울

헐레벌떡 두유 하나 가방에
넣고 간신히 탄다

마스크를 쓴 모습
거울 속 나는 내가 아닌 듯

어디선가 귀뚜라미 아침인사
아 가을이지
숨어 있다 알람처럼
나의 가을을 알리네

좀 더디게 머리를 다독인다
달팽이 걸음처럼 천천히
곧 겨울이 올 텐데

긴 여정의 끝에 다가가고 있는
겨울엔 통합되도록
비우고 노력해야지

엘리베이터 거울에게
눈인사하고 출근 퇴근 재촉한다

## 나무는 하늘을 바라봐요

눈부시게 깊이 파고든 햇볕
태풍은 예전에 다녀갔는데
귓전에 전하는 바람 소리

옆으로 옆으로
쓰러지려는 곧은 나무

얼마나 힘들까
얼마나 아플까

하늘에서 내린 비에
마음을 적시네
내가 대신 아파할게요
헤아릴 수 있어요
나무는 하늘을 바라봐요

## 주어진 한 달의 날

일 년의 일곱 번이나
어둠 속에서 보내고
가슴속 어떤 얘기가 하고 싶어서
이리도 아침부터 울어대니

비가 그치길 기다렸니
더 힘껏 목청 놓아
얘길 하는구나
매미야
나도 할 얘기가 많은데
너도 나처럼 울고 싶으니

그래 그러려무나
다 털어놓고
다 잊어버리고
주어진 한 달을 백 년처럼
원 없이 살려무나

소리라도 실컷 내야지
할 얘기 있으면 실컷 토해내렴
울고 싶으면 목 놓아 실컷 울으렴
너의 바램이
귓전을 맴도는 것만 같다

## 하얀 부직포 신발

에스키모 펭귄이
방한복 벗어 버리고
훨훨 날고 싶어 한다

땀인지 눈물인지 뒤섞이고
갈증에 물도 참으며
생리작용까지 금지되는 전시 중이다

텅 빈 마음 한구석
무사하길 기원하며
한가위 비상근무 당첨이다

봄 자락인데 더 춥다
언제 지나려나
하얀 부직포 신발을 묶을 때는
수의 덧신을 신는 것 같다

보이지 않는 아주 작은
Covid에 긴장
인간의 한계를 시험하고
비웃으며 약 올리듯 놀린다

확진자를 맞이하는
더운 오월의 극기 훈련
하얀 방한복을 푹 적신 땀의 위로에도
온 세상이 추워 떨고 있다
왜 이렇게 내 마음이 더 추울까

## 바이러스 사람 구경

사람들이 동물원에서
동물 구경 했었네
지금은 우스운 일들이
벌어지고 있네

바이러스로
집에 갇혀 있는 사람들
동물들이 다가와
사람 구경하는 광경일세

그린박스 안과 밖을 넘나들며
감시를 하고 있네
아직 멀었어~ 하고 말하네

웃지 못할 광경
지난날 인간들의
어리석음 깨달으라고
알려주는 듯 하네

동물들도 이런
기분이었을까
서로 눈싸움
눈이 아린다

## 마법에 걸린 도시

여름인데도
겨울 아렌델 왕국처럼
얼음으로 꽁꽁
바이러스로
얼어붙은 도시

표정들은 화가 난 듯
마스크로
꽁꽁 동여매고
서로서로 모른 척

겨울왕국의
엘사와 안나처럼
굳세게
이겨 내야 한다

'두려움을 깰 것'
'진실을 똑바로 볼 것'
'문제를 바로잡고 미래를 볼 것'

엘사가 왕자님과 함께
얼음이 녹으라고
동화 속 영화처럼
주문을 외운다

"샤바라 샤바라 얍"
바이러스로 물든
도시가 마법에서
서서히 풀리고 있다

## 비상 당첨

기합을 넣으며
물렀거라 코로나야
하얀 방범 백신 창으로 갈아입고
연일 코로나 전시 상황

당첨 비상근무
무사하길 기원한다
보름달 벗 삼아 담당할 수 있는
임무 수행 감사한다
원도 한도 없이 걸어간다

생리작용 막기 위해
물도 참으며
땀인지 눈물인지 뒤섞이고 있다

마음 한구석이 텅 빈
명절의 비상근무 중이다

## 세상이 이상하다

눈을 뜨나 감으나 혼돈의 세상
조그만 바이러스가
온 세상을 마비시키고 있다

옛 중세 시대 휘몰고 간 검은 흑사병
'신'마저도 부정하게 만들었던 세균
인류의 문명도 운명도 바꾸었듯

작금의 이 세계도 문화도 인성도
원치 않는 무법의 시간으로 달리고만 있다

실험을 하기 위해 쌓아놓았던 액체들
제 역할을 뒤로 물르고
폐수 뱅크에 한없이 한없이 흘려지고 있다

우리의 흔들리는 마음
마법에 싸이고
희미한 촛불 언제 꺼질지 모르고
마음이 어둡게 흔들리고만 있다

가느다란 촛불 심지 사이로
길이 보인다
언덕 넘어 우릴 부르는 것만 같다
그래도 환하게 웃는다
일어설 것이다!

## 가을바람

하늘이 유난히 맑다
가을바람도 따라 웃네
기분 좋다 하고

어제
엘사와 왕자님이
도시가 마법에서
풀리게 해달라고
주문을 외워서 그런가

기분이 좋다
바람이 전해주는 말
내일이 금요일인 줄 알았는데
토요일이라네

가을바람은
시간도 바꾸기도 하고
여기저기 맴돌다 소식도 전하네

높고 맑은 구름 따라
희망 찾아
행복 찾아
높이 높이 올라가네

## 아버지와 아이스크림

아이스크림을 먹다가
갑자기 아버지 당신이 생각납니다.

내 마음에
흉내 낼 수도 없는 당신의 마음을
얹어놓고 길 따라 걸어가신 아버지

유난히 아이스크림을 좋아했지요
뻗쳤던 손이 오는 듯 그리움이 울립니다
당신을 불러 봅니다

구슬땀 흘리며 한줄 정신을 붙잡으며
기한 내에 등록 못하면
귀한 자식 앞길 막는다고
이리저리 뛰어다니셨던 당신

아스라한 당신의 구슬땀
더 선명히 내 가슴에 스며듭니다
젖은 솜 되어 흔들리며 방울 되어
금방이라도 떨어질 것만 같습니다

오늘은
아버지 당신과 마주 앉아
그날처럼
아이스크림을 먹고 싶습니다

## 고구마 먹다가

잘 구워진
호박 고구마

반쯤 먹다가
마음도 철렁
내려놓고 말았네

맞을 거라 하며 장롱 깊숙한
곳에서 꺼내 준 엄마가 아끼던 옷

옛적 같으면
내 스타일 아니라며
투정하며 두고 왔을 텐데

목이 메인다
퍽퍽한 고구마를 먹어서 그런가
아끼시던 옷을 받아서인가

한없이 가벼워진 모습
나의 영원한 마트로시카 인형

꺼내본다
소리 내어 외쳐본다
장롱 깊숙이 숨겨둔
아리고 고마운 당신의 마음을

## 엄마의 마음

연세든 엄마가
새 이름을 지어 주셨다
잘 되라고 '호'를

한실
날개를 달고 높이 날아
열매를 맺으라고

안 보이시는 눈으로
펜을 잡고
한없이 한없이
가벼워지신 몸으로

나에겐
가장 영롱한 눈으로
가장 듬직한 마음으로 다가온다

시를 엮어 귓전에 보냅니다
눈으로 보실 수만 있다면

마음 향하는 바램이
두 눈을 감아도
두 귀를 막아도
사랑으로 그리움으로
뼛속 깊이 밀려온다

## 비를 맞이하는 돌멩이

넓다란 우산 안 그대 얼굴에
살포시 내 추억을 묻고

넓다란 그대 어깨에 흔들리는
내 호흡을 불어 넣으며

천상을 향하듯 비를 맞으며
마냥 걷고 있다
귀퉁이 돌멩이 하나
너도 나를 따라오고 싶은 게지

몰아치는 빗방울에 옷은 젖어
뜨거운 하얀 연기 피어오르고

몰아치는 바람으로
돌멩이 강해지며
그대와 내가 N극과 S극임을 확인시킨다

바람이 불수록
빗방울이 몰아칠수록
태풍 되어 오는 비에 젖어 들수록
돌멩이는 단단해지고 있다
태아를 품은 양수처럼

## 내가 촛불을 좋아하는 이유

내가 촛불을 좋아하는 이유는
따뜻하기 때문이다
가까이 가면 온기가 밀려온다

촛불을 좋아하는 이유는
엄마 향기가 난다
다른 냄새들이 보듬어진다

촛불을 좋아하는 이유는
기다릴 수 있음이다
촛불이 켜져 있는 한
그리움도 견딜 수 있게 한다

촛불을 좋아하는 이유는
경건하게 한다
살아온 세월을 돌아보게 한다

촛불을 좋아하는 이유는
붉은 용기를 주기 때문이다
남은 삶을 정열적으로 살라 한다

내가 촛불을 좋아하는 이유는
타고 있는 촛불 속에
그대 얼굴을 찾을 수 있고
나의 삶도 태울 수 있기 때문이다

## 보이지 않는 손

담벼락 끝에 서 있습니다
문만 열면
떨어질 것만 같아요

내 등을 밀고 있어요
손잡아 주세요
안아 주세요

단풍이 더 붉게 물들었다
떠나갑니다
고통의 여운이 진통으로 울립니다
회색빛 맘 누르며
숨은 나에게로 달려갑니다

칠흑 같은 긴 터널을 지나
어디선가 한 줄기 빛 먼지 되어
보이지 않은 손이
문 앞에서 미소 지으며 손짓합니다

마음속의 그대가 또 다른 내가
조용히 걸어옵니다
희미한 불빛이지만
환한 보름달 같습니다

# 민들레 홀씨를 지키는 바람

강가에 머물렀던 바람이 찾아드네
반쯤 남은 민들레 홀씨에게

걸어왔던 어제는 그리움이고
다른 내일은 웃고픈 광대라며

미지의 날은
또 다른 나에게 미소를 건네주며
잡아보라 주문하네

설레는 마음 주춤 머뭇거리다
낯설음 애써 서둘러 감추며
민들레 홀씨 등에 올라 그대를 올려다봅니다
언제나 그 자리 강가에서
민들레를 지켰던 바람의 마음을

## 추운 수도

동파 바람에 수도가
얼었습니다

제일 아끼는 수건으로
감쌌더니 눈물을 흘리네요

눈물이 향수가 되어
그대 마음에 뿌려집니다

향기는 그리움을 녹이고
수도는 향기에 취하고
마음도 녹이고
눈물은 어느새 가슴을 적시고 있습니다

얼었던 마음
서서히 미소 지으며
따뜻한 봄을 기다립니다

## 그대를 만나는 날

마음의 눈으로 꽃을
보라 합니다

부족한 나에게
예쁜 꽃이라 말합니다
부족한 나에게 가슴으로
그 꽃을 품으라 합니다

바람도 뒤에서 밀어주고
구름도 추울까 몸 덮어 주며
나무도 기뻐하며 춤을 춥니다
안개 벽은 서서히 물러납니다

어느새 꽃잎 이슬에 젖듯
일상이 되어 젖어 드는 그대
꽃이 되어 걸어오고 있습니다
꽃과 같은 미소로

나의 귀한 사람이 되어 주어 고마워요
비가 내려도 마음은 벌써 동구밖에 서 있습니다
마중 나가도 될까요

# 바램

하나의 바램이
생겼습니다

산천초목
구경하면서
나무들 느낌 받아
동화의 나라도 만들고

시를 엮어
책을 내어
내 좋은 사람들과
한 권씩 나누고

더 큰 책을 만들면
반은 돕고 싶은 이웃 위해
나머지 반은 나를 위해
즐기리라

소중한 나를 위해
숙성된 귀한 차도 마시며
찐 팬인 좋은 분들과
맛있는 것도 같이 먹으며
추억도 얘기하면서

나를 찾아온 시에게 감사하며
마음속의 울림을 얘기하리라
노래하리라

## 2부
# 살포시 내 생을

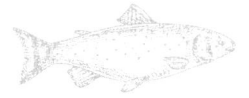

## 물들어 간다는 것

서로에게 물들어 간다는 건
내가 가지고 있던 소중한 물건들이
그대에게 옮겨지고 있는 것

서로에게 물들어 간다는 건
그대의 일상이 궁금해 손짓하며
어느새 같이 놀이하고 있는 것

서로에게 물들어 간다는 건
볼 수도 잡을 수도 없는 마음이
서서히 보여지며 붙잡고 싶은 것

서로에게 물들어 간다는 건
볼 수 없어 에리워 그리워도
그대를 조용히 가슴에 담는 것

서로에게 물들어 간다는 건
가슴에 담기어 있는 그대를
그대를 볼 수 없다 해도
언제든 꺼내어 볼 수 있는 것
바위산 같은 한 사람의 인생이 오는 것

## 속도 줄이기

보채지 말게나
자꾸만 뒤에서 밀어
치타처럼 달리는 내 속도
빠르면 빠른 대로

바삐 살아온 시간을 돌아보니
쉴 새 없이 달리고만 있다

달팽이는 잎사귀 한 줄
한나절 걸어간다

화분갈이 하면서
뿌리가 흙을 파고드는 속도로
느리면 느린 대로
거기에 머무르고 싶다
살포시 내 생을…

## 바람에도 마음이 있다

바람에도 마음이 있다는 걸
아시나요

너무도 조용해서 못 들었나요
좋아한다네요

조금씩 다가옵니다
봄비처럼 촉촉이 스며듭니다

강풍이 불 때는 노한 산 멧돼지처럼
비바람 천둥에 태풍을 등에 업고 달려
밤새 두드렸다고 하네요

문도 안 열어줘 창문만 때리고
울고 왔다는데 들었나요
창문에 대고 울던 마음의 소리를

먼지와 친구 되어 세상을 돌며
나에게 노래 되어 불러주던 바람의 마음을

휘이익 휘파람 되어 멀리서 울릴 때면
내가 그리워 불고 있다고 알게요

그 마음 잡으려 휘파람 소리 따라
너에게로 너울너울 날아갑니다

## 여행 여정길 같이 걸어요

꿈속 함께 걸었던 어제 숲길
작은 행복 여정의 길일까요
그대가 조용히 미소 지으며
마음의 길을 안내합니다

함께 걸어가고픈 여정 여행길
조약돌 같은 친구이면 좋겠습니다
소리 없이 예쁜 돌 하나 얹어 놓습니다
저 가파른 언덕도 개구쟁이 슬퍼하지 않아요

연록빛 나무도 이슬만 머금고 울지 않아요
초록 눈망울 새끼 다람쥐 여정길 안내하고
두 마리 오리 보란 듯 정겨운 눈짓합니다

추억 지고 가는 숲속 길 아담한 호수
손잡고 걸어가는 노부부의 웃는 얼굴
보고픈 오리 얼굴에 비추어집니다
긴 여행길 그대가 있어 즐거웠다고
자랑하렵니다
저 하늘나라에 가면

## 살짝 바람이 분다

살짝 바람이 분다
살짝 볼 옆을 지나면서
귓전에 이야길 한다
곧 가을이 올 거라고

살짝 바람이 분다
가슴을 스쳐 지나면서
찌는 더위가 갔듯
곧 어둠도 지나간다고

스치는 한줄기 바람이
산 넘어 빗물이 되고
고운 햇볕에 올라타
나무의 등을 보고 있다

그대 향기가 되어 조용히
걸어오고 있다
수국 산내음을 한 아름 안고서

살짝 바람이 분다
슬퍼하지 말라며
기쁜 날은 곧 온다고
인생은 살아볼 만하다고

# 닮고 싶어 하네요

구름이 여행을 떠나다
산 위에 머물렀습니다
구름이 조금은 부끄러운 듯
몸을 흔들고 있습니다

산 위를 살포시 안고 있는 모습이
쌍둥이처럼 보입니다

하이얀 솜으로 가만히 따라 해 봅니다
아마도 구름은 산을 닮고 싶은 것 같습니다
좋아 하나 봅니다
그리워했나 봅니다

가는 길을 알기에
바람이 밀면 가야 하기에
머무를 수 없다는 걸 알면서도

마음 가슴에 담고 싶어서
살포시 포개어 봅니다
그대를 닮고 싶습니다
그대의 온기가 느껴집니다

## 나도 달려가고 싶다

고요한 어느 숲속 작은 호수
흙 내음 발길을 잡아당기네
올챙이들 집성촌 이루듯 키 자랑하고

올챙이 춤추는 소리는
깨어나는 봄의 교향곡

올챙이 입은 옷은
교향악단원의 검은 드레스

자고 일어나 검은 드레스
연초록빛 옷 갈아입으면
뽀얀 앞다리 기지개 펴는 뒷다리 나와
어느새 노란 애기똥풀 친구에게 달려가고 있네

나도 달려가고 싶다
그대에게
연녹색 드레스 두르고 꼬까신 신고
꼬마 개구리 되어 넓은 숲속 그대 맘으로

## 무작정 걷는다

나에게 주어진 귀한 하루
무작정 걷는다
나의 애마인 신발과 함께

갈 곳을 정하지도 못한 채
바람이 귓가에 투정하는 소리 따라
따가운 햇볕이 미는 방향 따라
무작정 걷는다
오늘이 마지막인 것처럼

애마는 무거워지는데
머리는 가벼워지고
가슴은 자유로워지고 있다

가슴에 숨 쉴 조그마한 공간이 생긴다
그곳에 그대를 부른다
그대가 웃는다
무작정 같이 걷는다
인생 여정

## 시간이 없는 거 같아

똑 똑 친구가 와서 묻는다
왜 이리 급하니
시간이 없는 것처럼

할 일은 많은데
마음만 급하네
자꾸 누가 미는 것만 같네

그래서 슬퍼도 미소를 지으려 하니
그래서 하루를 살아도 진솔하려 하니
그래서 하늘의 구름에게 물어보려 하니
어떻게 살으면 재밌는지 멋있는지

똑 똑 바람 부는 깃털에게 물어본다
시간이 없는 거 같니
세월이 짧은 거 같니

깃털이 말하네
아름다운 눈으로
주어진 소꿉놀이를
하루를 천년처럼
천년을 하루처럼 살라 하네

## 꽃에 물을 주듯

꽃에 물을 주듯
우리 사랑도 물을 주면
키가 커지겠지

지나가다 사 왔다며
내미는 포도 봉지 속에
포도알 송이 같은 배려가
옹기종기 눈웃음 짓고

슬퍼하는 나에게
다 지나고 나면 아무것도 아니야
두 손 잡아 주며
노래 불러 주네

행운이 온다는
파란 제비를 보내주며
살다 보면 예상치 못한
기쁨이 한 발짝 한 발짝 온다고도 하네

지난밤 꿈속 같은
긴 이야기는 차곡차곡 쌓아 두고
꽃과 같은 그대는 비를 품으며
어느새 이슬을 머금고 미소 짓고 있네

곁에 있다는 것만으로
위로가 될 것 같다는 그대
창문 너머로 달려올 것만 같은데

## 눈과 마음으로 대화를

등 두드리며 쓰다듬어 준다
햇볕 받아 꽃 피우고
마음을 환하게 열어
대화할 수 있다고 하네

아침 졸린 눈 비비며
비화옥 꽃으로 향한다

꽃이 입을 다물고
온몸을 움츠리고 있다
조용한 아침

오늘 우리는 마음의 눈으로
대화를 시작한다

# 퍼즐 인생

흩어진 퍼즐 조각
하나씩 하나씩
맞추어 본다

파란색 대문
탐스런 사과나무
어릴 적 추억의
집도 보이고

언제나 다 맞출까
제대로 맞추는 걸까
분주히 움직인다
시계도 따라 움직인다

잘 못 맞추었나
좀 늦더라도
잘 맞추어야지

오늘도 노력한다
열쇠가 자물쇠를 열 듯
재밌는 퍼즐 놀이

와 완성이다
웃음 지으며 펼쳐지네

따뜻하고 행복이 넘치는
가을로 가는 길목
동화 속 숲속 이층집
어느새 굴뚝에선 연기가 춤을 추며
주인공 등장하네

## 등에 안긴 너

가방을 메어 본다
맘에 들어서 인지
공방에서부터 따라온다
등에 걸쳐진 너
가볍다 편안하다

마음의 짐도
가벼워졌음 좋겠다
옮겨놓을 방법이 없을까

하나 둘 걸어 들어가고 있다
바람 따라 마음 따라
추억 상념 책임감 그리움들
이젠 평형을 이룬 듯 묵직하다

등에 안긴 너의 모습이
거북이 집처럼 편안해지고 있다
거북이처럼 숨을 고르고 있다

어느새
등에 안겨 친구가 된 듯하다
등에 안겨 동반자가 된 듯하다

## 나비의 꿈

봄이 왔다고 꽃들이
춤을 춥니다

연꽃처럼 춤추는 꽃
너를 보니 예쁘다

너울거리며 노래하는 너
나와 많이 닮았네

같이 춤추지 않을래?

## 자동문

손을 가까이만 대도
문이 열립니다

어떻게 내 마음을
알았는지 스르륵

그대 마음에도
자동문이 있었으면
좋겠습니다

벽면이 온통 꽉 막힌 문이라도
겨울왕국의 얼음 빗장이어도
언제라도 가까이 손대면 가슴으로 반기는

그대 마음에 자동 벨을 답니다
보고 싶을 때마다 들어가고 싶어서

## 아픈 친구에게

얼마나 놀랐을까
정기적인 검진
양성 판정
인정하고 싶지 않다네

얼마 전 해맑게 웃으며
아무 일 없이 만나
맛있게 식사 했는데

황혼을 향해 가는 길목이지만
쉽게 받아지질 않네

수술하러 들어가는 친구에게
'하늘이 지켜 줄 거야 기도할께'
라고 말할 뿐

아프지 마 친구야
위로한다 너스레 떤다
일찍 발견되어
다행이다 라고 하며

빨리 회복해서
분위기 좋은 카페도 가고
가까운 교외 나가
맑은 공기 마시며
어떻게 하면 잘 놀까 연구하자 친구야!
박사처럼

## 가장 가벼운 옷을 입는다

침대도 아닌 좁다란 들것에 누워
흰 천에 쌓인 육신이 모퉁이를 돌고 있다

한여름인데도 겹겹이 옷을 껴입고
퀘퀘한 냄새 회색빛으로 온몸을 감쌌다

어제는
누런 이를 드러내며 양은냄비에 밥알과
누가 반쯤 남긴 커피를 시원하게 마셨는데

차가운 추억이 되어
올 수 없는 집으로 향하며
출근하는 사람들을 멈추게 한다

마지막 삶의 존엄을 지키고 싶었는지도 모른다
누군가는 살려 주겠지 하고
병원 정문에 드러누웠지만

영혼과 몸이 벽을 돌면서 분리되었다
한때는 누군가의 귀중한 버팀목이었을 육신
영혼이 자유로워지고 있다

아무도 울어 주지 않은 어두운 곳에서
겹겹이 둘렀던 다른 동네 옷을 벗어 버리고

이제는 가장 가볍고 고운 흰 천의 흰옷을 갈아입고
넓은 이상을 향해
날아갈 준비를 하고 있다

## 한 줌의 흙

건강할 때는
건강을 지키지 못하고
늘 건강할 줄만 알았소

소중한 사람이
곁에 있을 때 소중한 줄 몰랐고
늘 곁에 있어줄 줄
알았습니다.

좋을 때 그 가치를 모르면
평생 바보처럼 산다는 걸
이제야 알았습니다

한 줌의 흙으로 돌아가는 인생
우리는 뒤돌아볼 틈도 없이
한숨 쉬며 움켜쥐고만 사네요

지금 이 순간이
최고로 좋은 때임을
잊지 않겠습니다

그대가 생각납니다
그대 미소를 지키고 싶습니다
욕심부리지 않고
이 순간을 멋지게 보내고 싶습니다

## 인생 속도

인생의 속도는
나이 숫자일까요

40대엔 시속 40㎞
60대엔 시속 60㎞

가을이 다가오는 길목
이제 좀 인생을 알 만한데
삶이 무엇인지
행복이 무엇인지

자꾸만 뒤에서 미네요
빨리 가고 싶지 않은데
발목에 모래주머니를 매달아 볼까

문제 풀면서 가면
같이 손잡고 가면
좀 천천히 간다던데

너도 한 번 풀어 볼래 천천히
봉선화처럼 가슴을 물들이게 하는 게 뭔지

3부
# 바람의 마음

## 또 다른 그대 나에게

옆에 있어도 없는 듯한 너
파도처럼 밀려오는 고독감으로
군중 속에 싸여 있어도
한가운데 혼자 서 있는 듯한 너

열심히 살아왔소
가을이 되면 자신을 뒤돌아보며
쌀알이 탐스럽게 영글 수 있게
조금은 이루었구나
말할 수 있도록
바삐 달려왔는데

왜 그렇게 거기 서 있소
이리로 와 축배의 잔을 마주치세
또 다른 분신은 높이 날고 있지 않소
수고했고
충분히 기뻐할 수 있다고

아름다운 그대의 옆에 있고 싶소
더 재미있게 살기 바라오
내가 있지 않소
내가 지켜 주오리다
또 다른 마음속의
나의 그림자 그대여

## 두드림

똑 똑 두드린다
두드린다는 건
그대가 궁금하다는 것

똑 똑 두드린다
두드린다는 건
가까이 있고 싶다는 것
그대가 보고 싶다는 것

똑 똑 두드린다
어느새 땅속
메마른 씨앗
밤새 두드리는 물방울 맞고
새 아침 사랑 새싹으로
예쁘게 피어나네

똑 똑 두드린다
함께 하고 싶다는 것
두 손 잡고
마음 꽃 피우네

# 새 날

아쉬운 듯 수고한 그림자
어제 일몰 춤추며 구름 속으로 걸어갔다
손 흔들며 손바닥에 어두운 상념들도 쥐어 보냈다

목도리 풀어서 새날을 맞는다
구불구불 모퉁이마다 친구들 숨어있고
유치원생 이끌듯 선배가 되어
손을 잡고 조심히 한 발 내디뎌 본다

서서히 젖은 안개는 걷히고
어제 걸어갔던 내일이 희미하게 다가오고 있다
새날은 어둠 바람 가르고
작은 돌멩이를 비추며 나무숲도 감싸고
미소와 함께 웃으며 전진해 온다

멀리 지저귐이 들린다
다시 다가온 새날도 맞이한 한 해가 궁금해
새와 이야기하며 빛 뽐낸다

구름 속 길 가 모퉁이에 숨겨진 선물을 찾으라고
아라비안 주문 외운다
신축년 새날에게!

## 흰 소 밥그릇

흰 소는 패기와 재운을 준다는
말이 있지요
그곳에 마음을 담을 수 있는
그릇을 더하고 싶습니다

크고 맑은 흰 소의 눈 속에서
나의 눈을 되돌아보게 하소서

흰 소의 우렁찬 울음 속에서
내 가슴의 소리를 듣게 하소서

흰 소의 듬직한 몸집을 보며
숨어있는 자존감을 높이게 하소서

지금까지 해왔던 것처럼
뚜벅뚜벅 전진하게 하소서

올해는
변하지 않는 의리의 패기와
풍요로운 마음의 재물을
품을 수 있는 흰 소 여물통처럼
큰 그릇을 가질 수 있게 하소서

## 지혜의 샘

이솝 우화에
나그네의 옷 벗기기 위해
해와 바람이 내기를 합니다

바람을 세게 불면 불수록
옷 더 여미고
뜨거운 햇볕 비추면 비출수록
옷 풀어 제치네

멀리 가기 위해선
혼자보다 둘이 같이 가고
같이 가려거든
흉을 보지 말라지요

지혜로운 맘
지혜의 샘은
어디서 오는 걸까요

난 아직 많이 부족한데
깜깜하게만 느껴지는데

지혜의 샘아
너는 알고 있니
울림이 있는 지혜 보따리
어디 숨어 있는지?

# 질그릇

발령받아
떠나는 선배
아쉽다 하며
손수 만들어준 질그릇

때론 밥그릇
때론 시원한 물 잔
때론 인생 술잔

오늘은 막걸리 잔으로 당첨
인생 술잔으로 변하네

막걸리 잔에 비친 그대 얼굴
인간 승리 칭찬해 주며
질그릇과 같은 삶 꿈꾸며
잔을 부딪친다

걸쭉한 막걸리 잔 속에
그리운 얼굴 겹치며
어서 오라 부르네
그립다 부르네

# 기준

아가들이
태어나
배고프지 않게
우유 먹을 수 있는 선

배움도
달리기 출발선처럼
같은 곳에서
경쟁할 수 있는 선

만남도
편견 아닌
믿음 바탕 위에
소통 대화 통하는 선

자로 재는 선 아닌
논리가 아니어도
수용할 수 있는

귀를 가진
부드러운 신뢰의 선

기준아 알고 있니
마음아 알고 있니
무엇이 중한디…

# 왕따

왕따가 되기 전에
원따가 되기로 했다

그들로부터 분리되어
스스로 원해서
따를 당하고
꿋꿋한 나무가 되는 것

가면을 벗어던지고
말이 통하는 사람들과
원하는 만큼 대화하고
소통하는 즐거운 원따

자신이 원하는 만큼 표현하고
자신이 원하는 만큼 느끼고
자신이 원하는 만큼만 채우고
즐길 줄 아는 소박한 찐 원따

나무처럼 변함없는
듬직한 원따

# 너의 집은 어디니

길모퉁이
민들레에게 묻는다
너의 집은 어디니
바람 부는 들판

시무룩한
달팽이에게 물었다
너의 집은 어디니
몰라! 등이 무거워 힘들어

카멜레온에게 묻는다
너의 집은 어디니
난 온 세상이 우리 집
있는 곳마다
내 몸이 맞춰져

소녀에게 묻는다
너의 집은 어디니
저기 저기 구름 속
재미있다고 해서
여기 잠시 놀러 왔어

## 아프지 말자

가슴이 먹먹
애리네
몸에 난 상처는
보이기라도 하지

컴퓨터 자판이
고장 나는 게 낫지
프로그램 망가지면
아무것도 못하는데

가까운 사람들이
아프게 한다
더 아프지 말자고
다짐도 한다

가슴에 옥도정기
발라 볼까
멍든 가슴 색
못 알아보게

마음의
친구가 찾아와
호 오 호

하늘에게 윙크
멋진 구름이 춤추네
아픈 가슴을
구름이 색으로 덮고 있네

## 햇마늘 장아찌

처음으로 담아본
햇마늘 장아찌

소 뒷걸음에
좋은 게 걸리듯
나도 깜짝 놀란 맛

자랑하며
지인들에게 조금씩 건넨다

퇴직해서
담가 가져오면
사주겠다는 말에 으쓱

다시 담그려
뒤늦게 햇마늘을
찾으니 봄에만 나온 덴다
아! 다 때가 있지

놓치지 않고 많이 담그리라
놓치지 않고 많이 품으리라
사랑하는 마음도
정겨운 우정도

# 행복

불행의 반대가
행복이 아닐까

불행은
하고 싶은 일을 하지 못할 때
같이 있고 싶지 않은데
같이 있어야만 할 때

하늘에게 행복을 달라 했더니
감사부터 배우라 했다 한다

좋은 곳 같이 바라볼 수 있음에 감사
꼭 안고 포근함을 느낄 수 있음에 감사
부족해도 같이 맛있게 먹을 수 있음에 감사

비슷한 생각을 추구할 수 있음에 감사
아픈 마음을 받아들일 수 있음에 감사
마음의 시를 쓸 수 있음에 감사

행복아 어서 찾아오라고
작은 감사들을 실천해야지!

아니 어쩌면 행복은
이미 와 있는지도 모른다
행복은 자기의 선을 지키며
감사를 아는 친구니까

## 그네와 시소

학교 운동장에
형제처럼
웃으며 바라보는
그네와 시소

그네를 타노라면
내 공부 하는 교실
가까이 다가오고
뒷산도 코앞이고

시소를 타노라면
땅 찍고 하늘 찍고
하늘에 다다르면
구름과 친구 된다네

둘이는 항상
바라보며 웃으며
친구들과 하하 호호
제일 인기 좋은 형제

땅거미 내려와
어둑해지고
엄마의 메아리가
들려오면

아빠 같은 운동장에
그네와 시소
맡기고 나도
내 형제 찾아간다네

## 수줍은 산수유

어느 호숫가 옆에 있는 산수유
누굴 기다리나
고개를 반쯤 호수에 떨구고

긴 겨울을 보내고
수줍은 듯
보조개 미소 지으며

아련한 아쉬움을 담은
마음속의
그리운 친구를 그리는 듯

그대
봄이 오면
한 아름 산수유 품에 안고
찾아온다고 했는데
수줍은 미소 지으며

## 도둑 맞았네

긴 호흡 하면서 푸른 나무와
옆에 있는 사람
이야기를 들어준다

이 순간 가슴에 담아야 할 때
시간 잠시 멈추고

정담을 저축한 귀한 시간들
회색빛 옷 입은 신사
앞으로만 빨리 달리라 외치네

지나가면 되돌아오지 않는 귀한 시간
제때에 하지 못해서
적립된 시간을
도둑맞았네

## 휴일 커피 한잔

커피잔에 비친 식탁 전등
아이 울음 눈망울처럼
솜사탕이 그렁그렁

어디선가 은은한 꽃향기 같은
에티오피아 커피 향
산미 맛 흘러와 잠자는 혀 깨우고

혀 타고 내려가다 맺힌 한 모금
추억과 섞여 엽서 한 장 적시네

한가로운 휴일 고요 속에
커피 꽃향기
그대 사랑 노래
커피잔에 섞어 본다

흔들리는 커피잔 속 그대
그리움 타는 냄새로 다가온다

빨리 마중하려고
찻잔 들려다 살포시 내려놓는다
그대 얼굴 사라질까 봐

# 눈이 된 하얀 오리

그리워서 먼 길 달려왔어
들킬까 봐 소리 없이
밤새도록

하얀 눈 까치집
자물쇠 잠그고
나무 하얀 이불 덮어주고
별도 잠재우고

하얀 눈 오리 되어
신발도 안 신고 언 발 동동 구르며
눈썰매 눈길 타고 날아왔어

열어논 문틈으로 반기는 너
그리웠다 미소 지으며
빨리 앉으라 손짓하네

반갑다 하며 껴안는 나에게
보고 싶다던 뜨거운 난로
마주 보고 바라만 보고 있자 하네
예쁜 눈 오리
오래도록 지켜주고 싶다고

## 보고 싶은 너

창문을 열었습니다
은행잎이 바람을 업고
밀려 들어오네요
너도 따라오네

너도 내가 많이 보고 싶었나 보다
엘리베이터 기다리지도 못하고
급하게 들어오는 걸 보니

많이 추웠구나
떨고 있네
얼마나 밖에서 지켜보고 있었니
나도 너를 기다렸단다

## 늘 그랬듯이

늘 그랬듯이
차 한 잔을 마셔도
아련히 생각나는
그대이길

멋진 음악
음미하는 매력 있는
그대이길

아파도 즐거워도
찐한 커피 향기처럼
가까이 토닥이며
웃어주는 그대이길

인디언의 시처럼
내일은 더 강하고
부드러운 미소를 가진
그대이길

늘 그랬듯이
마을 입구 우뚝 선 당상목
그 나무 그늘처럼
묵묵한 멋진 찐 그대이길

4부
# 마지막 잎새와 꿈의 대화를

## 마지막 잎새와 꿈의 대화를

현실 같은 아침
떨어지는 낙엽들
마지막 잎새 하나
나무에 외로이 앉아 걸쳐 있다

소녀의 병 낫게 하려고
어느 화가 밤마다
마지막 나뭇잎새 수를 놓다
도리어 아파 버렸다네

꿈이었을까
어제는 그렇게도 무성하던 나뭇잎들

들려주던 귓전의 노래들, 행복한 눈 맞춤,
포근한 포옹, 영혼 담은 대화
형형색색 맥주 빛처럼 만남을 기약하네

스치는 저녁 꿈의 전경들
지난밤은 꿈을 꾸었나 봐

어느 화가 아름다운 사랑 품으려
꿈속 꽃잎 예쁘게 그리려다
아픈 마음을 달래고 있네

잠시 가던 길 멈추고
마지막 잎새 보며
내 지날 때
마지막 내 가슴으로 오라 전하네

## 나의 영원한 꽃

기쁨으로 다가온 너
나에게는 귀한 선물이었어
말 배우며 재롱으로 날 웃겼지
잠자기 위해 불 꺼달라는 얘기를
'엄마 나 지금 눈 끌게'

많이 먹고 싶다고
하나의 너비아니를
여러 개
조각으로 나누어 달라고
그러면 많아진다나

하늘이 무너지게
가슴 졸이며. 아픈 적도 있었지만
대견히 자라준 너

엄마가 미국 사람이어도
엄마가 영국 사람이어도
엄마한테 태어났을 거라는 너

우리 둘이는 서로 표현은
잘하지 않지만 마음 깊숙이
애틋한 건 너무 잘 알지

엄마 딸이어서 고마워
엄마 '시'에 등장인물 되어 고마워
너가 있어 행복해!
나에게 하나밖에 없는 영원한 꽃이여!

## 미운 오리 두 마리


미운 오리 두 마리
다정히 코 맞대고
구름과 강 품으며
한 폭 그림 수놓네

코 맞대어
아담한 집 만들고
마음으로
사랑의 하트
예쁘게 그리고 있네

아가도 태어나겠지
그러면 얘기하겠지
예쁜 마음의
눈을 가지라고

사랑의 하트
멀리서 바라보면
세상이
조그맣고
마음도 조금 열리지만

힘들어도
좀만 더 다가가
가까이 들여다보면
더 넓은 마음 넓은 세상
볼 수 있단다라고

큰 세상을 꿈꾸는
미운 오리 두 마리는
아름다운 사랑
꿈꾸는
큰 눈을 가진
예쁜 백조였답니다

## 하늘이시어

당신은 아시나이까
이렇게 파란 하늘의 마음을

하늘이시어
당신은 아시나이까
회상의 눈물의 의미를

가을 하늘 잘라
파아란 색종이 추억 가져와
손수건 만듭니다

붙잡지 못한
거스른 운명의 세월을
쌓여진 추억의
고뇌를 새겨 봅니다
투정해 봅니다

하늘이시어
당신의 손으로 손수건 위에
파란 물감 뿌려 주옵소서
품어 주옵소서

# 태풍이 지난 후

어제저녁 하이선 태풍
그렇게도
가슴을 때리더니

밤을 지새우고 난 후
언제 그랬냐는 듯
엄청 착해졌네

밤새
반성을 했나
좋은 님을 만났나
빨리 가야 할 곳이 생겼나

심술궂음 어디로 가고
높은 하늘 따뜻한 햇볕

평화로운 음악이 흐르고
아파트 한켠엔 아이들의
해맑은 목소리

사람 마음 보여주듯
동전 뒤집듯
어제저녁
오늘 아침
딴 세상을 펼쳐 주네

## 작은 풀꽃

아무도 몰랐습니다
바람이 두고 갔는지
산 넘어 흘러온 건지

몇 달 아니 몇 년을 숨죽이던
돌과 묵은 나무 사이의
어둠 속 풀씨 씨앗을

그대가 보고 싶어서
햇님에게 손 내밀고
빗방울 친구에게 윙크했지요

아주 뜨거운 여름날
무거운 힘과 눈을 가리는 나무를 가르고
그대를 향해 우뚝 섰습니다

초라하다 말할지 모르지만
약하다 놀릴지 모르지만
이름도 없다 무시할지 모르지만

그대가 보고 싶어
무거운 돌도 어두운 나무도
물리친
작은 풀꽃이랍니다

## 당신은 소중할 확률이 99%입니다

숲속 길을 걷습니다

노란 달걀 꽃이 있습니다
꽃 검색 카메라로 비추었습니다
애기똥풀일 확률 96%입니다

분홍 주머니 친구를 찍습니다
금낭화일 확률이 97%입니다

나무에 달린 배꽃 같은 누나꽃을 찍습니다
복숭아꽃일 확률이 98%입니다

웃는 그대 얼굴을 찍습니다
당신은 소중한 사람일 확률이 99%입니다
라고 알려주네요
꽃 카메라는 엄지를 올리고
까치는 축포를 울립니다

얼른 그대를 가슴에 담았습니다
그대와 닮은 수선화도 함께~

## 나비가 전하는 말

나비가 꽃봉오리에게
나 너 좋아해 내 맘 알지

조금만 기다려 줄래
지금보다 좋은 과자 가져다줄게
근데 오래 걸릴 수도 있어

강한 바람 비바람이
너 맘 흔들어 놓아도
흔들리지 않을 거지?

미소가 예쁜 꽃봉오리
난 여기서 한 발짝도
움직이지 않을 거야
흙이 나를 밀어낸다 해도

봉오리가 꽃 피는 날
돌아오기로 기약하며
나비는 하늘 향해
거슬러 올라갑니다

## 봄은 오려나

나를 지탱하는 건
널 그리는 두드림

밤새 마른땅 적셔
새싹 돋아나 향기 울리네
어느새 버들가지 솜털
도리도리 살랑 흔들고

고이 품고 있던 어미 새
아기 새 하늘로 날려 보내네
새싹하고 친구 하라고
다가오는 그대 마음
넓은 어미 새 가슴처럼

눈꽃송이 녹이고
뻐꾸기 춤추게 하고
보랏빛 무지개 펼쳐지는데

봄은 오려나
회색빛 물든 내 마음에도

## 눈꽃송이 꽃봉오리

하늘에 누우면
눈꽃송이
맑은 눈 위에 내려앉아
친구 되어 다가오고

겹겹이 포개어 손잡고
흰 빙수처럼 몽우리
꽃봉오리 빚어 놓네

거울 속 창가에 비친
눈꽃송이 아지랑이 깨우고
어느새 그대는 꽃으로 다가온다

벌써 그대는 눈꽃 속에 들어 있고
거울 속 내 눈은
옛 추억을 따라가고 있네
연기 나는 움막
감싸 안은 그대의 숨결
눈꽃 같은 그대의 맑은 눈

## 작은 우주 놀이터

부족하지만
꿈 레스토랑 옮겨 놓은 듯
기쁨 양념 볶음밥이 있는 곳

부족하지만
작은 도서관 옮겨 놓은 듯
해리 포터가 나오는 조그만 서재

부족하지만
샹제리제 호텔을 옮겨 놓은 듯
촛불이 켜지는 작은 놀이터
솔솔한 커피와 와인이 부르는 곳

부족하지만
반짝이는 무도회장 옮겨 놓은 듯
한 평의 여유에도 춤추는 페르소나 친구
거울에 그대가 투영되는 곳

너 말이 맞아 하고
맞장구치는 집이었음 좋겠어
재밌는 작은 우주 놀이터
세상에 하나밖에 없는

## 편지 한 장

너를 위해 준비했어 잠자기 전에
곱게 써서 예쁘게 싸 놓았어
꿈속에서 만나면 주려고

힘들다는 얘기 들었어
속상하다는 것도 이해해
힘들면 포기하고 싶기도 할 거야

세상엔 보이지 않는 그물이 많거든
그래도 행운은 우리 주위를 맴돈데
우표 타고 더 멀리 잘 전해지겠지

너도 나 그립거든
예쁜 엽서에 꽃 하나 그려
하늘 우체통에 넣어 줄래

## 비화옥

아침이면 베란다 향하며
눈 비비며
인사하러 간다
아가들은 잘 있는지

비화옥
활짝 피었네
빠알간 꽃 잎이 겹겹이
너무 예쁘다

한 송이 한 아름 핀 모습이
흡사 연꽃을 닮아
고고 하구나

겨울 내 관심도
안 주고 무심했는데
너는 꿋꿋하게
자태를 드러내누나

소리 없이 다가온
비화옥
감사해! 고마워!
소소한 행복으로 다가와
나의 손을 잡아주누나

## 너의 선물

노래와 같이
깜짝 선물이 되어
다가온 너

꿈인지 귀에선
메아리처럼 주위를 맴돌고
아련한 소리만 들리네

생일은 다가오는데
꽃반지는커녕
눈치도 없이
안녕을 고하네

그대 때문에 재밌었어
그대 때문에 행복했어
그대 편이 되어 줄게
울지 않을게요 미안해요

따뜻한 미역국
한 그릇 끓여
주고 싶었는데

선물도
준비했는데

행운이 온다는 2달러
해외여행에 보탤 20달러
너를 위한 시
너의 선물이 되어 달라던 나도

덩그러니 주인 기다리며
식탁에 놓여져만 있네

## 취하고 싶다

부끄러운 듯
달콤한 입맞춤

별빛 축제
반딧불이
축하하듯
밤하늘 수놓고

커다란
토끼님의 눈빛
소원을 들어준다며
쪽지 건네네

님에 취하고
추억에 취하라는
달님의
고요한 인사

오늘 밤은
반짝반짝
너의 별이 되어줄게

와인 한 잔에 취하고
고운 너에게 취하고 있네

## 우연 같은 인연

들녘에
풀 한 포기도
우연이 아니란다

불가에서는
마주 보는 것만으로도
몇 겁의 일곱을 곱한 거라는데

우리들의 만남도
필연을 위해 준비된
아주 긴 우연이
아니었을까

한 송이 꽃
어여삐 봐주고
가을 하늘처럼
높고 푸른 액자
엮어 봅니다

이 또한 찰나임을 알고
바람처럼
하늘에 연을 띄우면서
높이 날려 보냅니다

은하수처럼 뭉치고 흩어지는
무상함을 뒤로하며
잡고 있던 연줄을 놓고 있네

## 담장에 핀 장미

초등학교 담장에 핀
예쁜 색 장미들
빙그레 웃으며
하늘을 쳐다보네
5월을 뽐내며

노랑 빨강 예쁜 색으로
옷을 갈아입고
누구를 기다리나
목을 길게 빼고

그리운 친구겠지!
불청객 바이러스 땜에
동심의 친구들과
같이 놀지도 못하네

고대하던
새내기 아기 동생들도
맞이하지 못하고
혼자서 담장을 지키고 있네

어서 빨리
지지배배
손잡고 비벼대며
얘기하고 웃었음 좋겠다

장미 넝쿨 엉켜서
조금은 서로서로 찔리고
상처받아도
위로해 주면서~

## 하루의 벽 인생 2막의 벽

매일 아침 꿈을 꿉니다
매일 아침 습자지 벽을 통과합니다

한발 한발 내디디며 버스를 타고
지하철을 갈아타고
때론 돌부리에 넘어지며
새로운 세상으로 걸어갑니다

선배의 라떼가 들리고
스피커에선 춤추는 삶의 노래가
사각형의 무늬가 커피 한 잔을 더 쓰게 만듭니다

나 아니면 이 공간이 안 돌아갈 것 같은데
당근을 얘기하는데 오이를 말하고
열심히 얘기하는데 아무도 들리지 않는다네

시계는 60바퀴의 천 번을 돌았을까
또 다른 벽을 통과하라고
인생 2막 골판지 벽을 통과하고 있다네

훗날 하늘의 벽을 통과하는 날도 있겠지
그날은 콘크리트 같은 벽일까
아님 깃털보다 가벼운 벽일까

오늘도 어제처럼
천천히 꿋꿋하게
세상의 벽으로 나아가고 있다

## 그대 오는 소리

바람 소리에
뒤돌아 봅니다
그대가 온 것 같아서

전화벨 소리에
깜짝 놀랍니다
그대가 날 부르는 것만 같아서

무더위가 단 과일을
만든다고 했던가요
찐한 가을 햇볕이
그대 생각을 익히고 있습니다
빨간 고추를 물들이듯이

갈대가 바람을 타고
귓전을 간지러 웁니다
속삭입니다
곧 오겠다고

그대가 오는 건
과거 현재 미래가 손잡고
봉숭아처럼 찐한 꽃잎
물들이는 것입니다

**시 평**

## 진솔하고 따뜻한 시인의 삶을 노래한
## "어디쯤 가고 있을까"

김 복 성
한국문학치료 심리상담연구소 소장
국제문예 편집이사

　작품 하나하나가 삶의 주체를 "살아내는" 공간과 시간을 넘나들며 한 발 한 발 나아가 온전한 능동으로 자리를 잡는다. 그 흔적들을 따라 시를 쓰는 참신하고 자유로운 사유와 진술은 회복의 탄력성으로 삶을 구축하며 생명력의 강한 힘을 일상에서 발견해내는 시를 읽으며 경의를 표한다.
　시인 자신의 심리적, 정신적, 정서적 안정의 기량을 우선하여 생명의 욕동과 거시적인 세계를 미학적 자유로움으로 확장 시켜나간다. 시인은 바쁜 일상들을 만년 소녀의 시선으로 긍정적이고 아름다운 세계로 이끌어 나열하며 펼쳐가고 있다.
　특히 코로나19의 절박하고 무력한 상황과 그 어떠한 불안, 두려움, 고통의 환경에서도 긍정적 희망을 찾아주는 인간애(사랑)의 시적 큰 울림은 독자에게 삶의 가치와 의미를 현실에 측량하는 강한 힘을 반영하고 있다. 시인의 통찰로 인한 자아 성찰과 자아 치료에 승화시키는 시인의 긍정적 삶이 시가 되고 그 시의 노래가 날개를 달고 높이 날아 열매 맺는 삶으로 재구조화하는 확신이 전해진다.
내가 대신 아파할게요 / 헤아릴 수 있어요.
나도 할 얘기가 많은데 / 너도 나처럼 울고 싶으니,
땀인지 눈물인지 뒤섞이고/ 갈증에 물도 참으며 / 생리작용까지 금지되는 전시 중이다. 등 많은 시어들이 함께 아파하며 위로와 배려, 책임감에 열정이 넘치는 격려는 너무 순수하고 참신하게 사랑을 붙잡은 정서로 불확실한 이 시대에 독자에게 희망을 되찾게 해준다.

  진솔하고 따뜻한 시인의 삶에 한없는 응원의 기립박수를 보내며 시집 출간을 진심으로 축하드립니다.

온북스
ONBOOKS